AF278579

FRANCE CONSERVATRICE

ET LA

POLITIQUE NAPOLÉONIENNE

I₁b 56
2482

PARIS

IMPRIMERIE BALITOUT, QUESTROY ET Cᵒ

7, rue Baillif et rue de Valois, 18

LA
FRANCE CONSERVATRICE

ET LA

POLITIQUE NAPOLÉONIENNE

Par Victor TEISSIER

PARIS

E. DENTU, LIBRAIRE-ÉDITEUR

GALERIE D'ORLÉANS, 17-19 (PALAIS-ROYAL)

1869

LA

FRANCE CONSERVATRICE

ET LA

POLITIQUE NAPOLÉONIENNE

Le spectacle offert, depuis quelques mois, par l'exercice encore inexpérimenté des libertés nouvelles n'aurait rien qui fût de nature à inspirer de l'inquiétude aux esprits sérieux, s'il ne se manifestait, en même temps, des symptômes de désagrégation dans le sein de la France conservatrice.

Ce spectacle est, en effet, un témoignage irrécusable de la solidité du gouvernement impérial, de la profondeur atteinte par les racines que la dynastie Napoléonienne n'a cessé d'étendre dans les populations, de la confiance sans bornes que Napoléon III conserve dans l'avenir de la France comme dans l'avenir de ses propres destinées, à la condition que la base même de cette confiance ne vienne pas à lui faire défaut en se disloquant.

Bien que les tentatives de désagrégation de la France conservatrice, qui peuvent seules causer de l'inquiétude aux esprits sérieux, soient loin d'avoir l'importance qu'on leur prête à première vue, elles ne sauraient cependant prendre des proportions plus graves sans compromettre les résultats indiscutables que l'union a produits, sans causer la ruine des intérêts sauvegardés, consolidés et souvent créés par l'Empire, sans priver à jamais le pays de la tranquillité intérieure qu'il a reconquise, sans le livrer enfin à toutes les fureurs du torrent qui menace notre repos, au moment même où Napoléon III ose entreprendre courageusement de l'endiguer.

Il nous suffira, pour l'établir, de rappeler et de caractériser d'abord les motifs qui ont amené la France conservatrice à placer dans Napoléon III toutes ses espérances, après une surprise rendue possible justement par les divisions auxquelles le pays était en proie, de suivre ensuite le développement de ces espérances, au fur et à mesure que la sagesse impériale les a satisfaites, et d'arriver enfin à démontrer alors qu'elles seront entièrement et définitivement comblées quand les hommes d'ordre de toutes les classes de la Société, se groupant avec plus d'énergie que jamais autour du Souverain, prouveront, à l'intérieur et à l'extérieur, que la conservation est plus compatible que l'exaltation avec le progrès véritable.

I

Lorsque après 1848, les hommes d'ordre dont nous venons de parler, paralysés dans leurs moyens d'action, épouvantés à bon droit pour l'avenir, mais rapprochés les uns des autres par le danger commun, se furent rendu compte des causes véritables de la prétendue révolution de Février et eurent apprécié à leur juste valeur les hommes qui l'avaient faite, ils durent reconnaître que ces causes n'étaient que la conséquence de leurs divisions, et que les soi-disant auteurs de la surprise n'étaient tout bonnement que des héros d'occasion, triomphateurs d'une Société mise dans l'impossibilité de se défendre par ses divisions intestines.

Le mal produit par un pareil triomphe était déjà bien grand ; mais il allait devenir plus grand encore et être bientôt sans remède, si on laissait les gouvernants improvisés se maintenir au pouvoir, disposer librement de la fortune publique, et précipiter le pays dans une série de désastres dont il devenait impossible de prévoir l'issue.

Le terrible mouvement de juin, dont la signification éloquente fit converger vers Paris, pour la défense de l'ordre, toutes les forces vives de la France, indiquait suffisamment qu'il fallait se hâter de rémédier au mal ou se résigner à voir s'écrouler complétement, non-seulement

toutes les fortunes, mais tous les éléments de travail, in-
dispensables au peuple pour atteindre ce bien-être dont
on ne lui offrait plus que le mirage. Quelques mois encore d'hésitation; et le pays était livré au chaos.

Il fallut bien confesser alors que les causes véritables de
la surprise de Février résultaient uniquement de la division
semée par les partis dans toutes les classes intéressées, en
France, à la conservation, c'est-à-dire, dans toutes les
classes qui ont seules le droit de se dire la nation, puisque, seules, depuis le plus riche des banquiers jusqu'au
plus humble des travailleurs qui les composent, elles con-
tribuent à sa splendeur et ont intérêt à ce qu'elle ne soit
pas sacrifiée à des ambitions quelconques.

La révolution de 1830 avait eu les mêmes causes sans
avoir eu, il est vrai, les mêmes conséquences, bien qu'il fut
aisé de prévoir que la conduite des deux cent vingt et un
autoriserait tôt ou tard une minorité quelconque à user
des mêmes moyens qu'eux pour usurper le pouvoir, sans
qu'on pût aller cependant jusqu'à croire que la fortune de
M. Thiers pût justifier tôt ou tard celle de M. Caussidière.

La division semée par les partis avait pour point de
départ les conditions dans lesquelles la France monar-
chique s'était reconstituée, sous la pression des armées
étrangères, après la chute de Napoléon Ier; après la chute
de cet homme au prodigieux génie, dont la puissante main
avait seule pu dégager les éléments constitutifs de la Société française du chaos produit également, en 1789, par
l'abdication de tout ce qui pouvait développer, par le progrès, les éléments de conservation qui seront seuls capables,
à tous les âges du monde et dans tous les siècles, de
développer le progrès sans qu'il aboutisse à la ruine.

Ces éléments constitutifs de notre Société, au nombre desquels la vieille démocratie franque et carlovingienne avait été admise par Napoléon Ier dans une large propor-- tion, la branche aînée des Bourbons, héritière malgré elle des fautes commises par les cabinets de Versailles, n'avait plus été à même, après sa restauration, de les organiser avec l'impartialité qui n'appartient qu'à la force. Elle avait dû sacrifier les éléments bourgeois et démocratiques aux éléments décrépits de la vieille aristocratie, sans jamais oser rajeunir ceux-ci. La branche cadette, victorieuse par une surprise de la bourgeoisie, n'avait pu se maintenir sans sacrifier à celle-ci et la démocratie et la noblesse. Un gouvernement républicain quelconque allait être obligé, pour parvenir à se constituer, de tout sacrifier, ou tout au moins de tout exposer à la fois aux exigences exclusivement démocratiques, sans avoir la moindre chance de rétablir l'unité conservatrice, en dehors de laquelle il ne saurait pas plus exister de gouvernement sérieux que de nation puissante.

C'est alors que, reportant les regards en arrière, on chercha, dans l'histoire du pays, à quelle époque une crise analogue avait pu se produire, afin d'apprendre comment il en avait triomphé. Et, fatalement, les esprits s'arrêtèrent sur cette révolution française, qui avait bouleversé tous les intérêts, en même tempe que sur l'homme qui avait su les réorganiser en les sauvegardant tous, au moyen des sages institutions du Consulat et du premier Empire; et qui, en imposant à l'avenir sa solide administration, avait heureusement cimenté la digue dont l'existence contint assez longtemps, après février, les flots du torrent débordé, pour permettre aux hommes d'ordre de sortir de leur torpeur et de se compter.

Napoléon Ier serait mort à Sainte-Hélène, sans laisser d'héritiers de son nom, qu'après 1848 le travail que nous venons de constater se fût de même opéré dans les esprits, et que les classes conservatrices de la Société française n'auraient rien trouvé de mieux, pour reconquérir l'unité préservatrice, que de la demander aux institutions consulaires et impériales. Cette considération importante ne doit pas sortir de l'esprit des conservateurs, lorsqu'ils sont obligés de réfléchir à une éventualité qui, nous l'espérons, ne se réalisera pas de longtemps, mais qui ne doit pas moins en être envisagée avec assurance. Voilà pourquoi surtout ceux qui essaient d'isoler le Prince Napoléon de la Régente possible ne sont que d'imprudents amis du salut commun.

Napoléon Ier a laissé non-seulement des héritiers de son nom, mais des commentaires de sa vie. Parmi ces héritiers, se trouvait au premier rang un homme dans toute la force de l'âge, instruit par le malheur, trempé par l'exil, ayant passé son existence tout entière à se préparer, en vue d'événements qui venaient de s'accomplir, et s'étant par conséquent tenu à la disposition de la France, alors que la France elle-même ne s'attendait pas à avoir besoin de lui. Cet homme, qui unissait à l'aristocratie du nom la démocratie des sentiments, avait passé de longues années au foyer de la bourgeoise Angleterre, de sorte que tous les éléments conservateurs lui étaient également familiers ou chers, et qu'il se trouvait avoir une éducation complète, à une époque où nos hommes politiques n'en avaient reçu qu'une en rapport avec les passions de chacun des partis politiques auxquels appartenaient leurs pères.

Il était naturel alors que tous les regards se tournassent vers un tel homme. Son nom, symbolisant les institutions auxquelles on aurait demandé le salut même s'il n'avait pas existé, on était d'autant plus en droit de l'attendre de lui qu'il avait toujours persisté à dire que la France n'échapperait à l'abîme qu'en redemandant à l'Empire ces institutions.

Le mouvement fut irrésistible. Il suffit de se le rappeler pour comprendre la sérénité qui anime le chef de l'Etat, au sein des ennuis que les dangers apparents actuels font éprouver à son gouvernement. L'horizon ne s'inquiète pas des orages qui s'amoncèlent au-dessous de lui. Il est l'horizon. Quand ils auront éclaté, il ne restera d'eux que le souvenir. Lui sera demeuré ce qu'il était, ce qu'il est, ce qu'il sera.

Il n'y eut pas un palais, pas une chaumière, pas un atelier qui ne fût d'accord avec les autres palais, les autres ateliers et les autres chaumières, pour déclarer que le salut commun était dans l'avènement au pouvoir du neveu de l'héritier légitime de Napoléon Ier, non-seulement à cause de cette parenté, mais à cause de la signification qu'il y attachait, en écartant de ses souvenirs toutes les rancunes, pour ne laisser de place, dans son esprit, qu'à l'union de l'ensemble des éléments conservateurs dont la division allait une nouvelle fois compromettre l'avenir de la France.

Il est inutile de rappeler ce que voulait l'armée, l'élément conservateur par excellence. Tant qu'il y aura une armée française et un Napoléon, ils s'entendront pour la gloire du pays. L'Eglise montra le même enthousiasme, comprenant bien qu'avec l'héritier du Concordat les autels n'avaient plus rien à craindre. Et, à la face du soleil, sous un gouvernement militaire dont le chef voulait demeurer le maître, malgré tous les moyens employés par les hommes qui disposaient alors de la toute puissance, on vit sortir de l'urne, acclamé par huit millions de suffrages, le nom de l'élu providentiel qui n'avait pas eu besoin, pour les réunir, de quitter l'entresol du modeste hôtel où il s'était logé, afin de pouvoir saluer chaque matin, des fenêtres de cet hôtel, l'éloquente page d'airain gravée par l'épée de son oncle.

Il n'y avait pas à s'y méprendre. Tout ce qui en France possédait ou voulait posséder, tout ce qui préférait le travail et l'ordre à l'anarchie et à l'oisiveté, tout ce qui avait foi dans l'avenir s'était donné le mot pour isoler la partie parasite de la nation et pour bien lui signifier que ses auteurs n'avaient plus à compter sur d'autres résultats de la surprise de février. Les chefs des différentes fractions politiques qui, depuis la chute du premier Empire, s'étaient disputé le pouvoir essayèrent bien de s'attribuer une part du triomphe. L'élu ne leur laissa pas un instant le droit de penser qu'ils pourraient rompre à leur profit l'unité du magnifique édifice politique dont la volonté unanime des conservateurs venait de le faire la clef de voûte. Ils essayèrent en vain, pour l'ébranler, les tentatives qui leur avaient réussi contre la Restauration et contre la Monarchie de juillet. Lorsque le neveu de Napoléon Ier, pour bien établir de nouveau qu'il ne s'était pas trompé sur la nature du contrat intervenu entre lui et la France, fit un nouvel appel à tous, le nombre des suffrages qui l'avaient acclamé augmenta encore, pour faire du Président de la République, l'Empereur des Français.

Quelle était la nature de ce contrat sur la signification duquel l'héritier de Napoléon n'avait pas voulu qu'un doute fût possible ? Il suffit de se rappeler les termes des plébiscites qui le constituent pour s'en rendre un compte fidèle.

La France conservatrice, composée de son aristocratie, de sa bourgeoisie et de sa démocratie, à la fois hiérarchiquement et égalitairement unies pour une manifestation de leur volonté, sans précédent dans l'histoire des peuples, accordait sa confiance la plus formellement absolue à Napoléon III, à la charge par lui de la reconstituer sur les bases des institutions du Consulat et du premier Empire, et de ne lui rendre l'exercice des droits qui appartiennent aux peuples libres qu'à l'époque où il croirait pouvoir le faire, sous sa responsabilité, sans compromettre le salut qu'on attendait de lui. On peut trouver que la France conservatrice avait tort d'imposer un pareil contrat à son élu, comme nous pensons, nous, qu'elle eut raison de le faire. On ne saurait nier que telles en furent les clauses, et qu'aucune réserve ne fut faite sur l'opportunité du moment où l'Empereur jugerait à propos d'émanciper la nation qui lui confiait sa tutelle. Sorti de la légalité pour rentrer dans le droit, Napoléon III devenait libre, en vertu de ce droit, de faire jouir le pays de toutes les libertés, quand il croirait le moment venu ; et la France conservatrice s'engageait d'avance à l'entourer d'autant plus de force qu'il jugerait devoir conserver moins de puissance.

Voyons maintenant comment l'Empereur remplit le mandat qu'il avait accepté ; et, devant l'accomplissement de son œuvre, lorsqu'il juge à propos de constater le salut par l'exercice successif de toutes les libertés, examinons si la France conservatrice ne doit pas lui continuer la même confiance et participer franchement avec lui à l'affranchissement moral et matériel appelé à précéder l'organisation définitive de notre Société moderne.

II

Est-il un seul des votants de 1848 et de 1851, de ceux qui, par conséquent, ont librement consenti les clauses du contrat que nous venons de rappeler ; en est-il un seul, répétons-nous, qui puisse, sérieusement, se déclarer moins heureux depuis lors à tous les points de vue? Nous ne craignons pas de le mettre, s'il existe, au défi de nous fournir des preuves à l'appui de son dire.

L'aristocratie, libre de participer au pouvoir, conviée même à y prendre part, a pu, sous le second Empire, reconquérir dans les provinces une influence, basée sur sa prospérité domaniale, lorsqu'il ne lui a pas plu de la ressaisir en s'associant aux travaux de la politique ou de la diplomatie. Sauvegardée dans tous les honneurs qu'elle doit à la naissance, elle a pu obtenir tous ceux que ses actes ont mérités. Et cela, sans être astreinte aux humiliations que lui imposait la vieille Monarchie. Quelques années encore de cette tranquillité féconde, et les nuances, de jour en jour moins foncées, qui l'isolaient des autres classes de la Société moderne, auront tellement disparu qu'elle pourra se mêler à toutes les phases du mouvement général, sans avoir perdu une seule des prérogatives qu'elle sera la première à ne pas reconnaître incompatibles avec le progrès social.

La bourgeoisie, favorisée, sous le gouvernement de Napoléon III, dans le développement de sa fortune, par des mesures dont le libéralisme n'avait jamais été entrevu par la Monarchie de Juillet, a vu décupler la valeur de ses immeubles, créer les institutions de crédit, à l'aide desquelles sa fortune mobilière a été centuplée, grandir dans d'exceptionnelles proportions, l'importance de ses usines, de ses magasins, du moindre de ses établissements. Elle jouit en paix de toutes les prérogatives dont la Restauration l'avait sevrée. Ce sont ses fils qui gouvernent avec l'Empereur, qui nous représentent à l'étranger, qui président aux grands travaux que la stabilité politique permet à la civilisation d'entreprendre. Sous le règne de Louis-Philippe elle trouvait à peine des capitaux pour construire une ligne de chemin de fer. En une seule des années du second Empire, elle a pu obtenir de l'épargne, grâce à la confiance que le Souverain inspire, plus d'argent pour concourir à ces travaux, qu'elle n'avait pu en réunir, pendant tout le temps que la famille d'Orléans a régné. Cela dure depuis vingt ans. Quelques années encore de cette activité, favorisée par la tranquillité intérieure, et la fortune de la bourgeoisie française sera assise de façon à ne plus lui laisser d'inquiétude, de façon à lui permettre même de disputer aux bourgeoisies anglaises et allemandes l'exploitation des richesses lointaines dont elle ne pourrait plus avoir sa part en aucun temps, si la Dynastie napoléonienne venait un jour à sombrer.

La démocratie, objet constant, depuis vingt années, des préoccupations du Souverain, a-t-elle jamais vu sous aucun régime, même sous le régime de la première République, autant d'améliorations de toutes sortes apportées à son sort? Nous ne voulons pas tenter de comparaison entre les bienfaits qu'elle doit au régime actuel et les malheurs dont elle a été accablée sous les précédents gouvernements. Nous aurions trop beau jeu. Sans qu'on s'en soit aperçu, sans troubles et par conséquent sans inquiétudes, les questions sociales systématiquement écartées, même par la Convention, ont pris possession des esprits et sont à la veille d'être résolues pacifiquement. Une loi sur la gratuité de l'instruction est à l'étude. Cette loi entraînera le remaniement des conditions d'accessibilité à toutes les carrières. De là à l'assurance d'une retraite pour les vétérans du travail, il n'y a qu'un pas. Donc, quelques années encore de ces conquêtes successives du travail sur la misère, et l'ouvrier ne craindra plus ni pour ses enfants, ni pour sa femme, ni pour ses vieux parents les cruelles épreuves de la faim auxquelles il serait condamné de nouveau avec eux, si la partie conservatrice de la classe ouvrière, qui est l'immense majorité de la France industrielle, ne comprenait pas combien le triomphe de la politique personnelle de Napoléon III est indispensable à la consolidation de son bien-être.

Ce que nous venons de constater en général, pour les trois grandes fractions qui constituent la Société française, ne nous est-il pas facile de l'étendre à toutes les institutions qui en émanent? L'Eglise, les cultes divers et l'armée ont-ils, sous aucun règne, été l'objet d'une sollicitude plus constante et plus équitable que sous le règne de Napoléon III? Le nombre des temples s'accroît chaque jour; et si l'armée n'a pas à se mesurer sur autant de champs de bataille que son ainée du premier Empire, en est-elle moins pour cela l'objet du respect et de l'admiration du monde? Quelques années encore de calme, et les consciences rassurées ne laisseront plus le champ libre à l'envahissement du matérialisme; et la France sera à même d'exiger avec son Souverain que ses fils puissent librement se promener sur les rives du Rhin, sans qu'un autre drapeau que le nôtre flotte à leurs yeux sur la vieille Gaule.

Nous pourrions prolonger encore cette constatation de la prospérité dont l'Empire a doté tout ce qui constitue le pays ; mais l'évidence ne parle-t-elle pas pour nous ? Ne suffit-il pas, à ce Paris, que l'on voudrait à tout prix égarer, de jeter les yeux sur les transformations qu'il a subies pour trouver de victorieuses réponses aux insensés qui prétendent se servir de lui contre lui-même, pour l'amener à stériliser des richesses dont l'Empire lui a prodigué les sources ?

L'art, la littérature, la presse, avaient-ils jamais connu la prospérité dont ils jouissent depuis vingt années? Le pinceau, la plume, la scène enrichissent maintenant ceux qui les illustrent ; et, comme l'indépendance est la mère de la dignité, en même temps que la compagne du génie, peut-on douter qu'avant quelques années nous n'ayons revu naître cette souveraineté intellectuelle de la France que l'anarchie voudrait anéantir.

C'est parce que la prospérité est générale et réelle, parce que les progrès sont bien solidement acquis, que nous pouvons assister au spectacle qui émeut à tort certains hommes, et qui, à toute autre époque cependant, n'aurait pu se produire sans nécessiter l'emploi de la force.

Cette prospérité, n'est-elle due qu'à la façon dont Napoléon III a personnellement exécuté les clauses du contrat dont il avait lui-même rédigé les termes ? Ici, nous réclamons pour la France conservatrice une large part de mérite. Nous soutenons que cette part lui est due, parce que, de son côté, pendant vingt années, elle est demeurée fidèle à ses engagements envers l'élu de son choix ; parce qu'elle s'est associée à tous ses actes ; parce que, fidèlement, elle l'a suivi où il l'a guidée, ne lui refusant en aucune occasion l'unanimité de son appui, même lorsqu'il subissait des revers inhérents à toute œuvre n'ayant pas Dieu pour auteur.

L'association unanime de la France conservatrice à tous les actes de Napoléon III, nous n'en trouvons pas seulement la preuve dans les votes du Corps législatif, appuyés par le chiffre imposant de ceux des électeurs qui n'ont cessé d'assurer au gouvernement impérial l'appui d'une majorité jusqu'alors compacte ; nous la trouvons surtout dans le nombre des souscripteurs qui se sont présentés toutes les fois qu'il s'est agi d'un nouvel emprunt, et plus encore dans la facilité avec laquelle les valeurs de toutes sortes ont pénétré dans les portefeuilles de l'épargne. En vain, on arguerait pour expliquer cette confiance de l'appât du gain offert. A d'autres époques, le même appât existait ; mais, comme il ne pouvait triompher de la défiance générale, les emprunts gouvernementaux ne se couvraient qu'à des conditions onéreuses pour le pays. Les affaires financières, industrielles ou commerciales à longue échéance ou à risque quelconque, ne pouvant jamais trouver de capitaux dans les petites bourses, en puisaient rarement dans les grandes. Or, non-seulement à notre époque, mais à toutes celles de l'histoire, c'est à la confiance que les intérêts ont eu en eux qu'on a pu mesurer la force

des gouvernements et l'autorité des dynasties. Eh bien !
sous ce rapport, on ne saurait nier que le gouvernement et
la Dynastie de Napoléon III ont toujours été certains jusqu'ici, de la part de la France conservatrice, d'un concours
unanime dont le passé ne saurait fournir d'exemple.

En dehors de ce concours, toute l'habileté du Souverain
n'aurait pas suffi pour franchir triomphalement les obsta-
cles suscités par les guerres de Crimée et d'Italie, pour
prolonger, avec une sagesse pleine d'énergie, l'étude si
ardue de la solution qui doit mettre fin à l'occupation de
Rome sans alarmer la France catholique, pour réaliser la
réforme douanière et entreprendre celle des impôts de
consommation, pour permettre la suppression de l'échelle
mobile sans alarmer l'agriculture, pour aborder la question sociale sans compromettre les grands principes sur
lesquels notre Société repose, pour supporter et réparer les
ennuis du Mexique, les surprises de Sadowa et l'effet des
intrigues européennes sans que notre drapeau cesse d'être
l'objet du respect de tous les autres. En toutes occasions,
l'adhésion de la France conservatrice a été pour beaucoup
dans le succès. Nous venons de prouver, par l'énuméra-
tion rapide des principaux résultats, que personne n'a eu à
se plaindre de cette entente prolongée.

Pourquoi donc cesserait-elle subitement de régner entre
ceux qui l'ont conclue il y a vingt ans, maintenue avec
énergie depuis lors, et qui ne sauraient la rompre sans compromettre tous les résultats obtenus, sans exposer de gaieté
de cœur le pays au plus effrayant des cataclysmes? C'est
là la question que nous ne pouvons nous empêcher de for-
muler, en présence des symptômes de désagrégation que
nous voyons se produire, pour la première fois depuis le

commencement du règne, dans les rangs des autorités conservatrices, tout en constatant avec plaisir que ces symptômes n'ont pas encore atteint de proportions dangereuses, et qu'heureusement tout ce qui possède, tout ce qui pense, tout ce qui travaille, a conservé, dans la personne du Souverain, la même confiance qu'on avait en lui quand il fut acclamé Empereur.

Ils proviendraient, prétend-on, de l'essai que tente en ce moment Napoléon III, essai qui a pour but de rendre successivement à la France l'exercice le plus complet possible de toutes les libertés et de l'associer ainsi plus directement à tous les actes inspirés par ses aspirations, ses tendances, ses besoins, son caractère et la préoccupation de sa grandeur. S'il en était ainsi, nos hommes d'Etat prouveraient qu'ils ont mal compris les termes du contrat passé entre le pays et le Souverain de son choix ; que Napoléon III seul en a conservé intact l'esprit comme la lettre, dans l'intérêt même de leurs fortunes et de leurs situations comme dans celui de la gloire et du bien-être de la France. Or, être réactionnaire dans une occasion semblable, c'est être plus révolutionnaire que les énergumènes devant lesquels on tremble, car c'est leur offrir de nouvelles occasions de surprendre le pays et d'anéantir la fortune publique.

III

Napoléon III eût fait à la France conservatrice une sanglante injure, s'il avait pu supposer, au moment où elle lui confia le pouvoir le plus complet dont un monarque ait jamais été investi, qu'elle entendait abdiquer à jamais, dans ses mains ou dans celles de sa Dynastie, les droits qu'elle avait laborieusement conquis sur elle-même, après quatorze siècles de gestation, et sur le reste du monde par une série de luttes, dont la moindre a coûté autant de sang qu'elle a fait naître de lauriers. Nous ne croyons pas du reste que Napoléon III eût accepté de devenir le chef suprême d'un pays décidé à ne plus jamais se préocupper lui-même de ses destinées.

Napoléon III demandait aux conservateurs de lui confier, momentanément, un pouvoir absolu, dans l'unique but de mettre promptement le pays à même de rentrer, sans risques pour l'intégrité de son territoire, pour ses intérêts de toutes sortes et pour la tranquillité de ses enfants, dans l'exercice complet des droits dont la division des partis les mettait dans l'impossibilité de jouir alors ; et, il était bien entendu pour tous, et pour l'Empereur surtout, que plus promptement il croirait pouvoir les leur rendre, plus il se serait montré à la hauteur de la mission qu'il venait de revendiquer.

Vingt ans lui ont suffi pour se croire libre de restituer

au pays l'entière disposition de lui-même, tout en garantissant aux conservateurs que l'unité s'étant faite entre toutes les fractions conservatrices, sur le terrain dynastique napoléonien, l'ordre ne peut pas être troublé par l'abus même des droits dont l'exercice a été rendu à tous.

A quoi assistons-nous, sinon au spectacle de cet abus? Que pouvons-nous en déduire, sinon qu'en effet il peut se produire sous toutes les formes de l'exagération sans causer d'autres alarmes que celles que veulent bien se créer eux-mêmes de maladroits amis du Souverain? Les rares adversaires que l'Empire n'a pas ralliés à l'unité française peuvent impunément, non pas seulement élever, en public, sur le pavois, les hommes qui symbolisent le plus audacieusement la révolution, ils peuvent aussi donner rendez-vous à leurs soldats sur la place publique; et, aussitôt, les hommes acclamés deviennent aussi ridicules que le lieu du rendez-vous reste désert. Quel témoignage plus éclatant la France conservatrice peut-elle invoquer pour reconnaître que, cette fois encore, Napoléon III, mieux que personne, a justement apprécié la maturité des opinions et des événements?

Quel doit donc être le rôle des hommes sérieux, en présence des actes du Souverain justifiés avec tant d'éclat par l'évidence des résultats, sinon ce qu'il a été jusqu'ici, en présence de tous les actes de Napoléon III? Les conservateurs n'ont pas plus à hésiter pour approuver la restitution successive de toutes les libertés au pays, qu'ils n'ont hésité pour approuver chacune des phases de la politique impériale. Ils doivent même se dire que, lors même que la résolution actuelle de l'Empereur serait prématurée, le meilleur moyen d'en atténuer les effets serait encore d'y participer.

Les hommes d'Etat que les électeurs aiment à choisir de préférence pour les représenter auprès du Souverain, et qui sont en réalité, dans notre pays, ce qu'est en Angleterre l'aristocratie dépositaire de la volonté nationale, n'ont pas à faire l'expérience des avantages immenses qu'assure à l'élite d'un pays l'absorption des idées et des hommes de progrès, quand ces idées et ces hommes ont été suffisamment mûris par les épreuves inhérentes à l'affermissement de toute conquête nouvelle des Sociétés.

La prospérité croissante de l'Angleterre, l'immutabilité de son influence extérieure, la stabilité de son ordre intérieur proviennent de ce qu'à l'heure où la maturité des idées et des hommes de progrès leur paraît incontestable, ceux des membres de son aristocratie qui, jusqu'alors, ont combattu le plus vivement l'application de ces idées et l'avénement de ces hommes n'hésitent pas à devenir les patrons de ceux-ci et les applicateurs de celles-là.

Nous entendons déjà les irréconciliables crier à la palinodie et déclarer, par exemple, que l'homme qui a, pendant vingt ans, combattu les impatiences du libéralisme, n'est pas en état d'en défendre les principes, lors même qu'il a franchement reconnu que l'heure de les appliquer a sonné. Cette opinion ne saurait être partagée par les gens sérieux, dégagés par la pratique des affaires, des préjugés de la passion, et que l'unité dynastique, enfin conquise, a détachés des préoccupations de parti.

L'administration de la chose publique, en dehors de son principe fondamental qui ne saurait être remis en question, ne doit pas être comprise, par les conservateurs, autrement que l'administration de leurs intérêts privés; et il n'est jamais venu à l'esprit de personne de

céder à l'un de ses fils son autorité paternelle ou le soin
de régir la famille, parce que ce fils aura donné un
conseil dont l'application paraîtra préférable à son opinion personnelle. Les conservateurs doivent savoir que tel
conseil excellent, émané d'un des membres de la famille
ou d'un simple employé, sera beaucoup mieux mis en pratique par le chef de maison que par son auteur; qu'ils doivent seulement récompenser le novateur en le rapprochant
d'eux, et en le mettant de plus en plus à même de faire,
à son tour, subir à d'autres, ces épreuves qui sont les mères
de l'expérience et, par conséquent, les seules bases solides
de la stabilité.

Ce qui est vrai pour les affaires privées est tout aussi
incontestable pour les affaires publiques. Les ministres
de l'Empereur, dont la fidélité lui est aussi connue que le
talent, et qui, depuis vingt années, ont eu le bon esprit de
faire abnégation de leur individualité pour obéir aux vœux
clairement exprimés du pays, les membres de la majorité
qui ne lui ont jamais marchandé leurs votes, les membres
des conseils généraux et municipaux qui ont prouvé leur
indépendance des partis en obéissant à l'impulsion personnelle de l'élu de la France, sont les plus propres à appliquer les libertés qu'il a reconnues possibles; à en régle-
menter le prudent exercice; à les protéger de leur expérience; à faciliter l'ascension des éléments nouveaux, sans
laisser prendre au mouvement les dangereuses proportions d'un envahissement; et à prouver, en haut, comme
les masses le prouvent en bas, que Napoléon III ne s'est
trompé sur les dispositions de personne.

S'il n'en était pas ainsi; si, au moment où le Souverain
complète l'accomplissement du contrat qui le liait et le lie

encore aux destinées progressives du pays, les autorités conservatrices étaient assez imprudentes pour laisser croire qu'elles ont eu la pensée de ne jamais laisser rendre à la France les droits à l'aide desquels il lui est uniquement possible de se développer et d'atteindre sa véritable grandeur, ces autorités ne mériteraient plus le nom que nous aimons à leur donner encore; car ce serait leur fatale conduite qui nous exposerait à tous les périls, et non la loyale conduite de Napoléon III.

Or, avons nous besoin de laisser entrevoir ce que deviendraient a'ors en quelques jours les résultats acquis en vingt années? Nous croyons bien que l'Empereur saurait à temps conjurer de pareils dangers; qu'il chercherait et trouverait de nouveaux instruments derrière ceux qui auraient méconnu leur mandat et déchiré leurs engagements; mais, en admettant que notre conviction soit justifiée; que la désagrégation de la majorité du Corps législatif et des conseillers actuels de l'Empire ne produise rien de semblable dans les rangs des huit millions d'hommes qui ont acclamé Napoléon III, ne doit-on pas s'effrayer encore à la pensée de voir le pays s'agiter, sous l'influence d'essais tentés par d'autres mains que celles qui nous ont assuré vingt ans d'une prospérité véritablement vertigineuse?

Les adversaires de la Société française, reconstituée par l'Empire, cherchent à substituer le mensonge à la vérité. Ils suppléent au nombre par l'audace et le bruit. Mouches parasites du coche politique, ils soutiennent que l'édifice impérial se couronne uniquement parce qu'on obéit à leurs sommations, parce qu'ils allaient sans cela ressaisir le pouvoir de par la volonté du peuple. Fanfarons de courage, ils profitent de l'hésitation tolérante de certains membres de la majorité pour établir qu'ils pourraient bien l'avoir remplacé ; et, déjà, les gouvernements étrangers, que cette agitation factice abuse ou inquiète, se demandent si les racines que la dynastie Napoléonienne a plantées dans le sol, y ont bien pénétré à la profondeur désirable.

Est-il prudent de laisser, même une heure, le pays et les nations étrangères sous l'impression de telles erreurs ? N'est-il pas temps d'établir que, si le char impérial est arrivé au haut de la colline, c'est que les conservateurs l'y ont traîné de leurs bras et poussé de leurs épaules ; qu'ils n'entendent pas s'écarter de lui, au moment où il va s'agir de récolter les bienfaits du travail commun ; et qu'ils revendiquent l'honneur d'être à la moisson comme ils ont été à la peine. Devant une telle déclaration, faite, sans restrictions d'aucune sorte, les ennemis de la Société française devront rentrer dans l'ombre, avec le regret d'avoir vu appliquer sainement enfin des idées, dont ils n'entendaient se servir que pour en fausser l'application.

Il nous eût été facile d'appuyer ce que nous venons de dire avec des chiffres et des faits ; de faire suivre chacune de nos phrases de citations et de notes ; mais, nous avons la prétention de n'avoir rappelé que des vérités d'une telle évidence, et dont la preuve repose sur des événements si proches encore de nous, qu'il nous a paru plus utile de laisser nos lecteurs puiser dans leur mémoire les éléments de la décision que notre travail doit leur inspirer, si nous avons été assez heureux pour mettre le doigt sur la plaie, et surtout pour leur signaler le péril d'une hésitation prolongée.

Pour peu que nos lecteurs réfléchissent, ils reconnaîtront, avec nous, qu'en effet, en 1848, les conservateurs ont jeté les yeux sur le neveu du premier Empereur pour reconquérir avec lui cette unité solide que les partis avaient rompue et qui était indispensable au salut de la France. Ils reconnaîtront qu'il ne pouvait entrer dans l'esprit des conservateurs, pas plus que dans celui du Souverain, de priver à jamais le pays de l'exercice de ses droits les plus précieux ; et qu'il s'agissait, au contraire, de le remettre à même d'en jouir le plus promptement et le plus largement possible. Ils reconnaîtront que si, au bout de vingt années, Napoléon III croit le moment venu de réaliser cette espérance, c'est que, comptant toujours sur le concours des conservateurs, il a loyalement rempli, comme eux, la mission acceptée de part et d'autres, le jour de la réédification de l'Empire. Ils reconnaîtront enfin que les conservateurs sont pour autant que le Souverain dans la possibilité d'appliquer enfin les idées de progrès, sans redouter de bouleversement ; et que, revendiquant ouvertement leur part de l'œuvre commune, les conservateurs doivent être prêts à la couronner, en maintenant à l'Empereur cette confiance sans limites qui ne doit la lumière actuelle qu'à sa persistance prolongée.

En un mot, et pour mieux préciser ; dès l'ouverture du Corps législatif, la majorité conservatrice doit former un tout compact inaccessible à toutes tentatives de désagrégation. Elle doit ne perdre aucune occasion de prouver aux élus de l'irréconciliabilité que c'est elle qui personnifie le progrès et que ce sont eux qui personnifient la réaction. Elle le peut facilement établir du reste, en se contentant d'accepter franchement, dans sa forme et teneur, le programme nouveau que l'Empereur ne manquera pas d'exposer, d'une manière définitive, dans son discours d'ouverture.

Si la majorité du Corps législatif agit ensuite dans le sens de cette acceptation et ne cherche en aucune façon à entraver l'initiative impériale dans la voie où elle a pénétré si résolûment, non-seulement les irréconciliables seront abandonnés à leur isolement par l'opposition elle-même, mais la France n'aura pas à subir les embarras et à craindre les dangers inhérents à des élections nouvelles. Ce sera cette majorité qui aura la gloire d'avoir permis au Souverain d'associer son fils au pouvoir, et de participer ainsi à l'intronisation de Napoléon IV, unique garantie décisive du repos et de la stabilité dont le pays a tant besoin.

Cette acceptation franche et surtout habile permettrait de plus à la majorité du Corps législatif, dans le cas où un malheur, que la science et nos vœux s'entendent pour croire très-éloigné de nous, viendrait à frapper la France, de se trouver groupée, comme un seul homme, autour de la Régente, de pouvoir poursuivre l'œuvre commencée, avec le concours de tous les membres de la famille impériale, et d'assurer ainsi la transmission régulière du trône à Napoléon IV, sans secousses et sans modifications importantes possibles.

Nous ne voulons pas citer de noms. Les conservateurs doivent leur appui sans restriction aux ministres qu'il plaît à Napoléon III de choisir, comme aux idées qu'il croit mûres, puisque son choix est la conséquence de cette conviction. Il ne faut pas que la majorité du Corps législatif sacrifie plus que nous, à des questions de personnes, cette

unité de concours réclamée par le Souverain, et qui lui est
due, en vertu du contrat dont il a rempli toutes les clauses.
Nous insisterons seulement de nouveau sur ce point, à savoir que la majorité du Corps législatif compte dans son
sein des hommes bien autrement à même que les irréconciliables, non-seulement d'appliquer les réformes politiques les plus larges, mais d'aborder même les côtés les
plus ardus du problème social. Il faut qu'elle en four-
nisse l'incontestable preuve, dès le premier jour des dis-
cussions législatives. C'est le plus grand service qu'elle
pourra se rendre à elle-même et au pays, comme le plus
grand témoignage de reconnaissance qu'elle pourra donner à l'Empereur. Au bout d'un mois de cette expérience, les soldats mêmes des irréconciliables ne deman-
deront qu'à exclure à jamais ceux-ci de la vie politique.
Sur cette terre de moqueurs sérieux, de spirituels sages,
qui fut la vieille Gaule et sera redevenue la jeune France,
il n'y aura plus de place pour les histrions gonflés de haine,
de folie et de vent. Quant à l'existence d'un parti nouveau est-elle possible après l'acceptation du programme
impérial par la majorité tout entière?

Ce que nous réclamons de la sagesse de la majorité lé-
gislative, nous l'attendons avec confiance de l'unanimité
des membres du Sénat. Tous ceux que l'Empereur a dé-
signés pour demeurer les gardiens fidèles du pacte fondamental, il les a chargés, en même temps, du soin d'apporter
successivement à ce pacte les modifications compatibles
avec l'existence de sa Dynastie et la stabilité des institutions. Leur mission n'a donc jamais été d'entraver la
marche de l'Empire en avant, mais bien de veiller, au
contraire, à ce que cette marche soit entourée de toutes

les garanties qui résultent de la longue expérience des affaires publiques et des hommes. Presque tous les sénateurs ont été à même de constater qu'aucun des gouvernements qui se sont succédé depuis l'invasion n'a pu se maintenir parce que, justement, à une heure donnée, ils ont prétendu s'opposer à la marche en avant du pays, pour obéir aux intérêts de la fraction qui les avait rétablis ou créés. Les sénateurs savent que le second Empire, ne devant pas son édification à un parti, mais à l'union de tous les Français de bon sens et de bonne volonté, n'a pas à se préoccuper d'intérêts particuliers ; qu'il se doit à tous ; et que, par conséquent, il peut être sans inquiétude sur le résultat de ses mesures, tant que les appuis solides qui ne lui ont pas fait défaut jusqu'ici resteront unis pour en étayer la base. La plupart des sénateurs ont aimé, dans leur jeunesse, les idées qui prévalent aujourd'hui. Ils n'ont renoncé à les appliquer à certaines époques que parce qu'il leur était impossible de le faire dans la situation où les partis avaient placé la France. Ce prétexte, ayant cessé d'exister, qu'ils rendent grâce à celui qui a été assez fort pour le faire disparaître; et qu'ils obéissent à son impulsion, comme s'ils y puisaient une seconde jeunesse.

Ce que nous demandons à la majorité des membres du Corps législatif, ce que nous attendons de l'unanimité des sénateurs, nous le demandons aux chefs de l'armée, de l'Eglise et des cultes divers, de la magistrature, aux membres des conseils généraux et municipaux; nous l'attendons de la masse de tous ceux qui possèdent, de tous ceux qui travaillent, de tous ceux enfin qui constituent cette grande collectivité conservatrice, deux fois victime de surprises dont elle aurait pu triompher, si elle n'avait pas été elle-même l'instrument de sa propre ruine en se désagrégeant deux fois à l'heure du danger.

Comment, les généraux, les évêques, les magistrats, les grands propriétaires auraient compris qu'ils devaient se grouper autour de Napoléon III, quand il s'est agi de réagir contre les hommes qui empêchaient la France d'exercer la plénitude de ses droits ; et ils ne comprendaient pas qu'ils doivent faire de même, à l'heure où tous ces droits peuvent nous être rendus sans danger ? Mais, alors, ils seraient responsables de la réapparition du péril ; et ce n'est qu'à eux qu'ils devraient s'en prendre, si le chaos venait à compromettre de nouveau leurs dignités, leurs fortunes et même leurs existences ! Ils n'hésiteront donc pas à marcher avec l'Empereur dans la voie nouvelle, convaincus que, de leur unanimité dans cette voie, dépend la reconstitution définitive et sans secousses de la Société française.

Quant à la masse conservatrice, nous sommes bien certain que sa confiance ne fera pas défaut au Souverain, et qu'il faudrait des efforts aussi insensés qu'inattendus, de la part des autorités qui la dirigent pour essayer de l'amener à concevoir un doute sérieux sur la stabilité de ce qui est, et sur l'avenir de la Dynastie. Est-il nécessaire d'en chercher des preuves ailleurs que dans le profond dédain dont sont l'objet de sa part les énergumènes qui mettent tout en œuvre pour exciter sa colère, sans même parvenir à éveiller son attention. Jamais liberté plus entière a-t-elle été laissée à tous ? Jamais s'est-il manifesté moins d'inquiétudes dans les esprits et fait moins de bruit dans la rue ?

Ce grand calme, il ne s'agit, pour le consolider, que d'avoir toujours, dans le Souverain, la même confiance qu'en

1849 ; et de convenir que lorsque Napoléon III croit l'heure venue de rendre successivement à la France toutes les libertés compatibles avec son repos, c'est qu'en effet cette heure a sonné ; et que le moment est arrivé, pour les conservateurs, de marcher résolûment avec lui à la tête du progrès, à une égale distance des opinions extrêmes dont le triomphe est toujours mortel !

www.ingramcontent.com/pod-product-compliance
Lightning Source LLC
Chambersburg PA
CBHW061650050726
47598CB00004B/1530